INDULGENCES

ACCORDÉES AU COMITÉ DE L'UNION CATHOLIQUE

Par N. S.-P. le Pape Pie IX.

Nous profitons de l'envoi du compte rendu de la réunion générale annuelle pour rappeler à tous ceux qui aiment l'Œuvre de l'*Union catholique* les précieuses faveurs dont elle a été enrichie par N. S.-P. le Pape Pie IX, à la fin de l'année 1875, lors du grand et beau pèlerinage du diocèse de Rennes à Rome.

Voici le texte exact de la supplique adressée au Saint-Père au nom du Comité catholique, et de la réponse que Sa Sainteté a daigné faire, conformément à la minute qui est conservée à Rennes, chez le président de l'Union :

TRÈS-SAINT PÈRE,

« Humblement prosterné aux pieds de Votre Sainteté, le
« président de l'*Union catholique* du diocèse de Rennes, qui
« poursuit en Bretagne le même but que la Société des inté-
« rêts catholiques à Rome, vous supplie instamment de dai-
« gner accorder à tous les associés et associées de cette Œuvre :
« 1° Une indulgence plénière le jour de leur admission dans
« l'association ;
« 2° Le jour de la réunion générale annuelle ;

« 3° Une indulgence plénière une fois l'an, au jour que
« chaque membre choisira lui-même;
« 4° A l'article de la mort.
« Le tout applicable aux âmes du Purgatoire. »

« *Die 22 dec. 1875*

« *Benigné annuimus juxta petita, servatis conditionibus.*

« PIUS PP. IX. »

« *Visum et usui datum, Rhedon. die 25ᵃ 1876.*
« † G. Card. Archiep. Rhedonensis. »

Le cadre porte en outre la mention suivante :

« Je soussigné, directeur du pèlerinage des Bretons à Rome,
« certifie que l'approbation donnée à la présente supplique et
« la signature de N. S.-P. le Pape Pie IX sont autographes,
« et qu'il les a écrites en ma présence, les jour et an ci-dessus.

« Rennes, 3 janvier 1876.

« Comte de Palys. »

Les indulgences ci-dessus peuvent se gagner aux conditions
ordinaires (*servatis conditionibus*); ces conditions sont :

Que, confessés et repentants de leurs fautes, les associés
fassent la sainte Communion et prient aux intentions du Saint-
Père.

Pour la quatrième, à l'article de la mort, il suffit, si l'on
est empêché de recevoir le saint Viatique, d'invoquer de
bouche, et, si on ne le peut, au moins de cœur, les saints
noms de Jésus et de Marie.

ASSEMBLÉE GÉNÉRALE

DE

L'UNION CATHOLIQUE

DE RENNES

C'est encore le mardi de la Sainte Semaine que l'Union catholique de Rennes a tenu, cette année, pour la troisième fois, son assemblée générale. Une nombreuse assistance remplissait la grande salle du collége de Saint-Vincent-de-Paul, et la présence des dames, dont le zèle généreux apporte un si puissant concours à l'Œuvre catholique, complétait cette fois la réunion.

En l'absence de S. Ém. le Cardinal-Archevêque, retenu par une indisposition, M. l'abbé Levilain, vicaire-général de l'archidiocèse et supérieur du collége de Saint-Vincent, avait bien voulu accepter la présidence. Il avait à ses côtés, avec plusieurs notabilités du clergé, de l'armée et de la magistrature, le R. P. de Régnon, prédicateur de la station du Carême à Saint-Sauveur, M. le docteur Regnault, président, et les membres du Comité de l'Union.

Après avoir, suivant la pieuse coutume de l'Union catholique, ouvert la séance par la prière, M. le vicaire-général a donné la parole à M. Regnault, qui a présenté, dans le rapport suivant, le tableau des œuvres accomplies par l'Union catholique ou sous son inspiration et son patronage, pendant l'année qui vient de s'écouler :

Mesdames, Messieurs,

Nous l'entendons répéter chaque jour, et la triste évidence des faits nous contraint de le reconnaître, la Révolution fait parmi nous les plus rapides progrès. Ses principes, publiés par les cent voix d'une presse impie et dévergondée, pénètrent les masses, les imprègnent de leur satanique poison. Sous cette influence, les mœurs se corrompent, la loi de Dieu est oubliée, les bases de l'édifice social sont minées, et peuvent d'un instant à l'autre céder définitivement en nous rejetant dans un véritable chaos.

Tout récemment, par un coup plus audacieux encore que tous ceux qui l'avaient précédé, elle a tenté de faire disparaître de fait la seule puissance qui lui tienne tête en face. Son audace sacrilége veut fermer cette bouche qui suffit à enseigner l'univers, et les catholiques du monde entier, frappés par cet attentat dans ce qu'ils ont de plus cher, en ont tous ressenti la plus douloureuse inquiétude.

Oui, tout cela est vrai, et la Révolution semble de plus en plus maîtresse. — Mais à côté de ces progrès sinistres, et en même temps qu'eux, nous avons la joie de constater un courant inverse produit par la bonté miséricordieuse de notre Dieu, d'assister à une admirable floraison d'Œuvres catholiques, à un développement, à un épanouissement vraiment merveilleux de la charité. Excités par la voix de leur père, le Pontife romain, qui, sentinelle toujours vigilante, les avertit que l'heure est venue d'agir pour conserver la foi; encouragés par son admirable exemple, soutenus et inspirés par le souffle d'en haut, qui se répand visiblement sur le monde, les chrétiens de nos jours semblent se réveiller d'une longue torpeur. Plusieurs secouent leur vieille indifférence et s'élancent à la lutte contre le mal. La persécution en Prusse a produit l'effet d'une mission magnifique. Elle a resserré les fidèles auprès de leurs pasteurs, devenus presque tous confesseurs de la foi; resserré les liens de ceux-ci avec le Souverain-Pontife, et révélé dans la population catholique de ce pauvre pays une vigueur que l'on n'aurait pas soupçonnée. Plus les catholiques de Suisse sont persécutés, plus ils redoublent d'ardeur dans le combat. Pas une défection ne vient affliger le cœur de leurs évêques exilés, la ferveur augmente avec le péril. En Italie, les blasphèmes officiels se transforment dans le cœur des catholiques en paroles d'amour pour le Vicaire de Jésus-Christ, en protestations de fidélité, en OEuvres de zèle d'une variété admirable.

Et notre chère France, où, grâce à Dieu, nous jouissons encore d'une paix relative, mais où la Révolution fait rage et menace de tout engloutir, notre France chrétienne et catholique jusqu'au fond de ses entrailles, elle tressaille et s'agite pour rejeter le poison et faire jaillir de son sol inépuisable en bonnes œuvres toute une série d'institutions nouvelles, appropriées aux besoins du temps, et par lesquelles elle prélude à sa résurrection. Car de tels efforts en sont le gage assuré. La Révolution gagne les masses et les gangrène, c'est vrai. Là se trouve sans doute, dans la pensée de la justice divine, l'instrument et le moyen d'un châtiment trop mérité; mais après cette épreuve viendra le triomphe souvent annoncé par Pie IX, car il n'est pas possible que la bonté de Dieu ait laissé sur le sol de notre patrie de si précieux germes pour les supprimer ensuite.

En vous offrant le tableau des efforts du Comité catholique de Rennes pendant cette année, je suis chargé précisément d'esquisser pour notre ville ce mouvement heureux qui nous ramène vers Dieu. En vous rappelant les OEuvres fondées par le Comité, ou soutenues, encouragées, aidées par lui, ou plutôt par vous, Mesdames et Messieurs, j'aurai l'occasion de mentionner la plupart des institutions pieuses de la ville, car il n'en est guère auxquelles il soit resté complètement étranger.

Fidèle au but qu'il s'est proposé de combattre la Révolution dans la limite de ses moyens, fidèle aussi aux préceptes catholiques, qui sont la lumière et la vie, à sa foi dans le Chef infaillible de l'Église, encouragé par la bénédiction spéciale du Souverain-Pontife et les indulgences dont il a daigné favoriser notre Œuvre naissante, il a continué de son mieux ce qu'il avait commencé, étendu quelque peu son champ d'action, fait même quelques pas nouveaux dans la carrière.

La fondation de l'Union catholique des Dames, en multipliant nos ressources, nous a fourni les moyens d'agir avec un peu moins de parcimonie et de nous étendre davantage. Plaise à Dieu que nous l'ayons fait de façon à procurer le plus directement sa gloire.

Nous diviserons cette fois encore les différentes Œuvres du Comité en trois chapitres : *Œuvres de prières,* qui s'adressent directement à Dieu ; *Œuvres d'enseignement,* qui ont pour but de faire disparaître les erreurs amassées par l'impiété, et de rétablir la vérité des faits ; *Œuvres de moralisation.*

I

A. — Les premières, les plus excellentes de toutes et celles par lesquelles le Comité de Rennes avait débuté, ont été heureusement poursuivies.

a. — Les *pèlerinages* de l'année 1875 avaient été clos de la manière la plus brillante par le grand pèlerinage de Rome. Sur la demande d'un certain nombre de personnes, nous en avons organisé un second l'année dernière, après Pâques ; mais les voyageurs, trop peu nombreux pour profiter dès le départ de Rennes des réductions accordées par les Compagnies, se sont réunis à Paris au grand pèlerinage national du mois de mai.

Nous n'avons point oublié la Patronne de la Bretagne. Le pèlerinage de Sainte-Anne, le 9 juillet, a été très-nombreux ; plus de 2,000 fidèles y ont pris part, et jamais aucun n'a été plus pieux et plus édifiant que celui-là. Aussi, nous l'espérons, des grâces abondantes en auront-elles été le fruit.

Le pèlerinage de Lourdes est heureusement entré dans les habitudes bretonnes. Environ 800 pèlerins de Rennes et du diocèse ont été transportés par un train spécial à la grotte miraculeuse le 12 septembre. Là, pendant deux jours, conduits par M. le curé de Saint-Germain de Rennes, ils ont entouré l'autel de Marie-Immaculée et fait monter vers elle et vers le cœur de Jésus leurs instantes prières et leurs protestations de foi et d'amour.

Nous avons ouvert cette année par un appel pour le pèlerinage de Rome, à l'occasion des noces d'or de Pie IX. La Bretagne, qui a donné si généreusement à ce saint Pontife son noble sang, tiendra à conserver sa place dans ce concert des nations catholiques, à joindre sa voix à celle des fidèles du monde entier, qui vont se réunir à Rome en ces jours bénis pour fêter et consoler leur père.

Puis viendra celui du Mont-Saint-Michel, et enfin le mois de septembre nous ramènera à Lourdes.

Le bien qu'ont produit ces pèlerinages est immense. Ils ont brisé en grande partie le respect humain qui retenait les âmes captives, et rendu de nos jours aux chrétiens l'habitude de ne point craindre la manifestation publique de leur foi. Quel admirable et prodigieux changement à cet égard depuis trente ans, ou même depuis dix!

b. — C'est depuis ces grandes réunions publiques et chrétiennes que nous avons eu le bonheur de voir le Saint-Sacrement entouré le jour de l'octave de la Fête-Dieu, à la procession solennelle, d'une escorte qui va grandissant chaque année. Elle ne comprenait pas moins d'un millier d'hommes au mois de juin dernier.

c. — Ces hommages rendus à Notre-Seigneur dans le Saint-Sacrement, nous les retrouvons dans une réunion moins éclatante, mais essentiellement pieuse, celle de l'*adoration nocturne*, fondée à Rennes, il y a deux ans, par la Société de Saint-Vincent-de-Paul, grâce à la bienveillance du R. P. supérieur des Missionnaires, et à laquelle le Comité catholique est heureux d'apporter son concours et son obole. L'autel où réside la sainte hostie doit être comme le foyer domestique, autour duquel se rassemble la famille, la table du festin où le père bien-aimé réunit ses enfants. Aussi que de grâces pour ceux qui ont le bonheur de venir ainsi pendant la nuit consoler la solitude du Sauveur.

L'adoration diurne était depuis longtemps établie dans la plupart des paroisses de Rennes. L'adoration nocturne réunit chaque mois un grand nombre d'hommes dans la chapelle des Missionnaires. Bien que la nuit soit partagée entre les différents adorateurs pour que la fatigue ne dépasse point leurs forces, un certain nombre d'entre eux se font l'honneur de consacrer à Dieu cette nuit tout entière et lui tiennent fidèle compagnie. Le temps s'écoule au milieu des chants et des prières. Qui dira combien sont puissantes sur le cœur du bon Maître ces pieuses veillées où l'amour et la mortification, mêlés ensemble, lui offrent un parfait sacrifice. A combien de crimes et de veillées coupables des nuits semblables ne peuvent-elles pas faire contrepoids dans la balance de la justice divine !

d. — Cette année, l'*OEuvre du dimanche,* que tous nous désirions voir établir, œuvre à la fois de prière, de réparation et de préservation sociale, la plus importante peut-être de toutes pour le salut du pays, a commencé à jeter quelques racines.

Vous savez qu'elle a pour but de favoriser et de rétablir l'observation du dimanche suivant les prescriptions de l'Église, et pour moyen l'engagement contracté par les associés de ne rien acheter ni vendre en ce jour, sauf les cas de nécessité, de s'interdire tout travail servile, et de sanctifier le jour de Dieu par une assistance plus assidue aux offices. Cette œuvre n'est pas nouvelle dans le diocèse. Elle fut fondée il y a environ vingt ans, mais elle s'étendit peu.

Depuis lors, le temps a marché, et il est évident que le travail du dimanche tend à s'introduire de plus en plus parmi nous, apportant avec lui la diminution de la foi par l'abandon des pratiques religieuses. Un certain nombre de personnes, frappées de cette situation, s'étaient affiliées à l'œuvre fondée par M. de Cissey pour faire cesser ce scandale ; mais leurs efforts restaient isolés et infructueux.

Convaincu du bien opéré par cette association, Son Éminence le Cardinal-Archevêque a daigné charger le Comité catholique de travailler à la généraliser. C'était bien notre plus cher désir. Une nombreuse réunion, composée des dizainiers et zélateurs de la Propagation de la Foi, a eu lieu dans une chapelle, sous la présidence de Son Éminence le Cardinal. L'Œuvre du dimanche emprunte, pour s'étendre, l'organisation si simple et si puissante de la Propagation de la Foi, et vient se greffer sur ce tronc vigoureux. Monseigneur engagea chacun des chefs de dizaine à prendre en main l'œuvre nouvelle. Tous reçurent et acceptèrent les bulletins d'agrégation destinés aux fidèles de leur dizaine et aux nouvelles recrues qu'ils pourraient conquérir. MM. les vicaires chargés de la Propagation de la Foi furent priés de s'occuper en même temps de l'Œuvre du dimanche, et pour les deux œuvres le centre d'action se trouva fixé au Grand-Séminaire.

Là, on fournit gratuitement les bulletins d'association destinés aux personnes qui adhèrent à l'œuvre. En peu de temps, dix mille billets d'agrégation ont été demandés. Il a fallu en faire venir d'autres. La semence est jetée. Le fondateur et l'organisateur principal, celui qu'on pourrait appeler à juste titre l'apôtre du dimanche, M. de Cissey, doit venir au printemps la féconder par sa parole puissante et son infatigable zèle. — Daigne la miséricorde du divin Maître lui procurer l'accroissement et la faire abonder en fruits de salut.

e. — Il me semble que c'est à côté des œuvres de prière que je dois placer cette œuvre si humble, si touchante dans le sentiment de piété filiale qui l'a inspirée, l'*Œuvre des vieux papiers*, en faveur du Denier de Saint-Pierre. N'est-elle pas, en effet, directement donnée à Dieu, cette obole offerte à son Vicaire persécuté.

Elle a un caractère qui lui est malheureusement exclusif et qui reste fort remarquable. Elle ne coûte rien et rapporte beaucoup. Fondée en avril 1876, elle a pu s'adjoindre un certain nombre de villes de notre province : Vannes,

a

Saint-Brieuc, Quimper, Dinan, Guingamp, Broons, et avec ces ressources réunies, malgré les frais d'une première installation auxquels le Comité catholique s'est réjoui de pouvoir contribuer, elle a pu vendre plus de 6,600 kilog. de vieux papiers, qui ont produit plus de 2,000 fr. De plus, après avoir mis au pilon un énorme monceau de livres inutiles ou mauvais, elle a pu réunir une bibliothèque d'environ 2,000 volumes, où se trouveront parfois des ouvrages curieux. Tel livre qui fût resté au grenier pour y être la proie des rats, a pu être vendu 10 et 20 fr. à des spécialistes. Enfin cette Œuvre, indépendamment de son utilité principale, qui se rapporte au Denier de Saint-Pierre, est encore, suivant la parole d'un évêque, une œuvre d'assainissement moral. Que de mauvais livres, de détestables journaux enlevés à la circulation. Que de volumes de Voltaire, mis au pilon, sont allés enrichir le Denier de Saint-Pierre. Une main inconnue, peut-être repentante, a envoyé à l'œuvre 200 exemplaires tout neufs d'une brochure infâme pour les soustraire à la publicité.

II

B. — Les *Œuvres d'enseignement*, pour répondre aux besoins du temps, devraient non-seulement continuer leur action, mais la décupler, la centupler s'il était possible. Tous les jours, en effet, le débordement des mauvaises doctrines augmente ; tous les jours, la presse répand par toutes ses voix, par mille canaux, sous forme de journaux, de brochures, de livres, les calomnies contre la religion, la haine du prêtre et de Dieu, la glorification des passions humaines. On ne peut s'empêcher de frémir en songeant à la profusion du mal et de déplorer l'insuffisance de nos ressources pour lutter contre cet épouvantable fléau.

a. — Nous avons continué néanmoins, suivant nos faibles ressources, de travailler à la diffusion des bonnes lectures, des journaux honnêtes, des bons petits livres, tout spécialement recommandés par le Saint-Père à nos pèlerins. — Il serait difficile, et d'ailleurs peut-être inopportun, d'entrer dans le récit détaillé de ce que le Comité a pu faire pour répandre la vérité en distribuant des imprimés utiles ; mais je ne puis m'empêcher de saisir l'occasion qui m'est offerte de faire connaître une source précieuse de bons livres à laquelle nous nous approvisionnons souvent, et en même temps une œuvre catholique dont le but précis est justement de lutter contre la Révolution par la diffusion de la vérité et contre la presse mauvaise par l'impression d'ouvrages honnêtes. C'est la *Société bibliographique* de Paris, qui consacre tous ses efforts à la vérité, à la science, à la religion.

Non-seulemement elle édite en grand nombre et dans tous les formats des publications populaires destinées à réfuter les mensonges révolutionnaires, tracts, brochures, livres, mais elle met à la disposition de ses associés, à des prix très-réduits, tous les ouvrages qu'ils veulent se procurer. Elle donne à ceux qui s'occupent de travaux scientifiques ou littéraires les renseignements qu'ils peuvent souhaiter sur les sources à consulter et tous les moyens de faciliter leurs études. Elle doit compter certainement au nombre des œuvres les plus utiles parmi celles qu'ont inspirées les besoins du temps présent.

b. — Comme les années dernières, le Comité a continué de subventionner l'*École des apprentis*. Le nombre de ces jeunes enfants a doublé, et leurs progrès causent la plus grande satisfaction aux Frères qui veulent bien s'occuper de les instruire.

c. — Comme l'année dernière aussi, le Comité catholique a eu le bonheur de participer aux dons qui ont fondé et qui entretiennent dans un état si prospère l'*École chrétienne de Saint-Hélier*.

III

C. — Les *Œuvres de moralisation*, c'est-à-dire celles qui ont pour but de préserver du mal ou d'en retirer, d'éloigner les occasions de chute que la Révolution multiplie sous nos pas, sont nombreuses dans notre ville. Le Comité catholique a continué de soutenir toutes celles auxquelles il avait donné son concours, plusieurs même ont été ou bien créées à nouveau, ou bien puissamment patronnées par vous, Mesdames, et l'on peut dire que de ce côté nous avons quelque peu progressé.

Les Œuvres ouvrières se multiplient, et pourtant elles sont loin de correspondre encore aux besoins immenses qui se font sentir. Le Comité catholique, qui n'en dirige aucune, a donné à toutes des témoignages de son intérêt et des secours proportionnés à ses forces, auxquels dames et hommes ont contribué de leur mieux.

a. — Parmi ces Œuvres, il en est une, celle de *Sainte-Anne,* qui a été en quelque sorte spécialement patronnée et adoptée par le Comité des Dames. C'est une réunion pieuse de femmes appartenant à la classe ouvrière. Sous la direction du vénérable P. Rouault, cette association prospère de plus en plus et donne à ceux qui la connaissent les plus beaux sujets d'édification.

b. — Les dames de l'Union ont fondé aussi en faveur des pauvres secourus par la Société Saint-Vincent-de-Paul un *ouvroir* des plus florissants. Quatre-vingts dames prêtent à l'Œuvre leur concours assidu et se réunissent le mardi pour confectionner des vêtements. Les ouvrages sont ensuite intégralement remis à la Société de Saint-Vincent-de-Paul.

c. — Le *Cercle des Ouvriers,* dirigé par des chrétiens dont chacun connaît le zèle et admire les œuvres, grandit chaque jour et porte ses fruits. Cette Œuvre si sympathique, et à laquelle dès le début le Comité catholique avait tendu la main, n'a point été négligée, et de concert avec les dames nous avons contribué à en augmenter les ressources.

A côté de cette institution nouvelle et déjà florissante, nous étions heureux d'aider deux Œuvres anciennes déjà, et très-importantes : celle de Saint-François-Xavier et l'Œuvre de la Jeunesse de Toutes-Grâces.

d. — L'Œuvre de *Saint-François-Xavier,* fondée à Rennes dès 1852, offre aux ouvriers des avantages de deux sortes, matériels et spirituels. Malade, l'associé reçoit des soins assidus, les médicaments nécessaires, une indemnité de 1 fr. par jour pour toute la durée de la maladie.

Pendant tout ce temps, il est assiduement visité par l'excellent directeur de l'Œuvre, qui regarde les trois cents ouvriers comme ses enfants. Il est, s'il le faut, préparé à la mort, averti, converti même, comme on l'a vu plus d'une fois, avec quel zèle, Dieu seul le sait. Ce que nous savons, nous, c'est que ce zèle a trouvé même ici-bas une douce récompense, et que jamais encore aucun ouvrier de la Société Saint-François-Xavier n'est mort sans avoir reçu, avec les Sacrements de l'Église, les consolations suprêmes. Malheureusement, une œuvre pareille exige des ressources considérables. L'année dernière, la Société n'a pas payé moins de 2,969 journées et de 1,200 fr. de médicaments pour cent trente ouvriers malades. En lui présentant notre trop faible concours, nous voudrions pour elle décupler notre offrande.

e. — Nous en pourrions dire autant de l'Œuvre de *Toutes-Grâces* ou *de la Jeunesse,* dont le zélé directeur a souvent dépassé ses forces.

Il reçoit les jeunes gens, dont il est l'ami et le père, les conserve quand ils ont grandi, et s'appuie sur les aînés pour diriger et encourager les jeunes dans le bien. De même que la plupart des Œuvres, celle-ci, après les sacrifices personnels faits chaque année par son directeur et le zèle des RR. PP. Eudistes qui lui prêtent leur concours, n'a pas d'autre ressource que l'inépuisable charité des Rennais.

f. — Le *Cercle militaire,* dont la nécessité augmente avec le personnel de la garnison, fondé directement par les hommes et les dames de l'Union catholique, est une de nos Œuvres les plus chères, parce qu'elle est une des plus utiles, pour ne pas dire des plus indispensables. Le Comité lui a consacré ce qu'il a pu en fait de ressources pécuniaires. Mais il a le regret de rester beaucoup au-dessous des besoins. Quelle œuvre cependant plus méritoire et plus belle que celle-là. Comment travailler d'une manière plus efficace à la gloire de Dieu et au salut de la patrie qu'en conservant dans le cœur de ses défenseurs la foi avec le vieil honneur français, dont elle est la base, en rendant leur conduite irréprochable et digne de soldats chrétiens. Le Cercle militaire est désormais, grâce à Dieu, installé d'une manière convenable au point de vue matériel. Avec de la persévérance, avec votre précieux concours, il deviendra semblable au Cercle militaire de Versailles, où chaque fête religieuse voit des centaines, des milliers même de soldats remplir la chapelle trop petite pour leur zèle, et se presser autour de la Table-Sainte. Nous n'en sommes pas encore là. Toutefois, cette année, le Cercle a marché d'une manière régulière. Chaque soir, quarante ou cinquante soldats en moyenne sont venus y chercher le repos. La salle de travail s'est quelquefois trouvée trop petite. Le dimanche, deux cents à deux cent cinquante militaires ont fréquenté le Cercle. Des soldats de toutes armes s'y sont rencontrés, et jamais la plus légère altercation n'a troublé la bonne harmonie. Permettez-nous de recommander à vos prières et à votre zèle cette œuvre importante, si importante que, suivant la parole de notre vénéré Cardinal, aucune à Rennes ne l'est davantage.

g. — Elle a besoin cependant, pour faire tout le bien que l'on doit en attendre, d'être complétée par une autre qui, née en province, où elle a déjà produit les plus heureux fruits, nous est tout spécialement recommandée par le Comité de Paris, et qui est digne en effet de toutes les sympathies. C'est l'*Œuvre des conscrits*. Réunir au départ ces chers jeunes gens, au moment où ils vont quitter le foyer paternel, au pied de l'autel de leur paroisse, remettre à chacun d'eux une lettre de son curé qui l'introduit et le recommande à l'aumônier militaire du régiment auquel il est destiné, mettre en rapport le jeune soldat avec son aumônier, éviter ainsi pour un grand nombre les faux pas des premiers jours, qui ont sur le reste de la conduite une influence si décisive, tels sont le but et l'organisation, à la fois simple et très-pratique, de cette Œuvre excellente, qu'il suffit d'indiquer pour en faire voir la valeur. A Rennes, nous n'avons pu encore l'organiser ; mais elle est confiée déjà à des mains habiles et à des cœurs dévoués ; et si, comme nous l'espérons bien, quelques-uns de vous veulent lui apporter leur concours personnel, elle réussira à merveille.

h. — Une Œuvre de moralisation, à la fois humble et profondément utile, pénible à la nature, mais nécessaire et difficile, c'est l'Œuvre de *Saint-François-Régis*. Elle a pour but de relever à leurs propres yeux et aux yeux de la société les malheureux qui vivent dans des unions illégitimes, de leur procurer, à eux, l'honneur du mariage chrétien, à leurs enfants le bienfait d'un état civil régulier. Née, il y a quelques années, sous l'impulsion du Comité catholique, elle a eu des commencements difficiles. Maintenant elle prospère d'une façon surprenante, et son excellent et respectable président, que je ne veux point nommer pour ménager sa modestie, est un vivant témoignage de ce que peuvent, avec l'aide de Dieu, la persévérance dans les efforts, le zèle et le dévouement mis au service d'une bonne cause.

Les merveilleux résultats de l'Œuvre de Saint-François-Régis nous ont montré combien était profond l'abîme de misères qu'elle cherche à combler. Dans la seule année de 1876, 89 mariages ont été accomplis par ses soins, 69 enfants ont pu être légitimés. Mais à quel prix, et après quels efforts ! Dans quel degré de misère physique et morale il faut aller chercher ces malheureux, pour qui le prêtre est un épouvantail, on ne le pourrait supposer. Aucune croyance, aucun sentiment moral, à peine la notion du juste et de l'injuste ; avec cela un dénûment affreux : souvent point de vêtements, de lit. Il faut tout faire : commencer par les instruire, les amener peu à peu à connaître le catéchisme et à rougir de leur état, les convertir, puis triompher de leurs répugnances, les habiller, et, après avoir rempli les longues et coûteuses formalités civiles, procéder au mariage. L'entrée des paroisses effraie ces malheureux, qui redoutent les regards, et c'est avec une vive reconnaissance que l'Œuvre remercie Son Éminence, dont la paternelle bonté a permis au P. Ory, son digne aumônier, de bénir ces mariages dans une chapelle privée. Souvent ces fêtes offrent un touchant caractère. Ce sont des enfants qui n'ont point été baptisés, et qui tout grands déjà sont appelés à cette grâce; ce sont des protestants qui se convertissent; un homme qui fait à trente-huit ans sa première communion; une pauvre femme qui, mourant à l'hôpital, reçoit *in extremis* le sacrement de Mariage avec des sentiments de piété et de reconnaissance à toucher le cœur de tous les assistants.

Tels sont les admirables résultats de cette Œuvre. Malheureusement, et c'est là le côté triste, ces unions entraînent de grandes dépenses, à cause de la profonde misère des conjoints. On peut estimer que chacune prend 30 fr. dans la bourse peu garnie de l'Œuvre. Il faut vraiment que la Providence divine y ait mis la main pour que, depuis le début, près de 200 mariages aient été réalisés dans ces conditions. A l'avenir, je ne doute point que, pénétrés de la beauté de cette Œuvre, vous ne vous rendiez bien volontiers auprès d'elle les instruments de la Providence.

Je dois me borner dans la description de ces Œuvres, car je m'aperçois que je suis déjà fort long. Je me contenterai donc de mentionner encore, parmi celles qui sont surtout patronnées par le Comité des Dames, la *Bibliothèque des Bons-Livres,* l'*Œuvre Saint-Michel,* celles de *la Miséricorde,* le *Patronage des jeunes filles* placées à Saint-Cyr, et autres analogues.

Nous formions l'année dernière, à pareille époque, le projet de multiplier les réunions générales, afin que chacune des personnes qui ont la bonté de nous donner leur concours fût plus immédiatement associée à ses travaux. Une réunion, sous la forme d'un Salon des Œuvres, semblait convenir pour remplir cet objet. Elle n'a point encore été réalisée. La vraie raison de ce défaut, qui n'est peut-être qu'un retard, est précisément la surabondance des Œuvres qui sollicitent à Rennes l'activité des catholiques. Nous avons craint de fatiguer le zèle en convoquant plusieurs fois nos adhérents, lorsque les réunions semblables sont déjà si nombreuses. Nous ne renonçons point cependant au désir d'établir une union plus intime, des communications plus fréquentes; et, si le temps le permet, l'envoi régulier d'un petit Bulletin pourra, jusqu'à un certain point, remplacer des réunions qui seraient difficilement réalisables.

En attendant, nous avons conservé de fréquentes et cordiales relations avec le Comité catholique de Vitré, créé il y a trois ans. Ce dernier, un peu gêné dans son expansion par l'exiguité de ses ressources, a pourtant pris part à tous les pèlerinages que nous avons organisés, notamment à ceux de Sainte-Anne et de Lourdes. Il a pris l'initiative d'un pèlerinage au Mont-Saint-Michel, au mois de septembre dernier. Les personnes de Rennes qui ont eu le bonheur d'aller ce jour-là honorer le grand archange n'ont point perdu le souvenir de cette grandiose manifestation, présidée par deux princes de l'Église. Ce beau voyage recommencera bientôt, lors du couronnement du glorieux chef de la milice céleste, et l'organisation en est déjà commencée.

Le Comité de Vitré a réussi à établir dans son arrondissement l'Œuvre pontificale des vieux papiers.

Il a continué à aider de ses ressources l'Œuvre si importante du Cercle militaire; ce Cercle est très-fréquenté, et le zèle de l'aumônier obtient des résultats très-consolants.

Mentionnons encore une souscription à l'Œuvre des Universités catholiques, une autre à l'érection de l'église du Sacré-Cœur, et les efforts qu'il a faits, non sans succès, pour propager et vendre dans les rues les journaux catholiques.

Enfin, le Comité de Vitré a continué de s'occuper tout spécialement de son œuvre principale, la Bibliothèque. Fondée en

1875, cette bibliothèque, grâce à la protection dévouée et au zèle de quelques dames qui s'en occupent avec une ardeur au-dessus de tout éloge, a vu augmenter très-rapidement le nombre de ses livres, avec le nombre de ceux qui viennent y chercher pour leur intelligence un aliment solide et chrétien. Son catalogue contient déjà onze cents volumes choisis avec le plus grand soin, classés suivant les catégories diverses de lecteurs pour lesquelles ils peuvent avoir de l'intérêt. Deux cent cinquante personnes environ la fréquentent assiduement, et ce nombre, on l'espère, ira toujours croissant.

N'avais-je donc pas raison, Mesdames et Messieurs, de dire en commençant qu'à côté des progrès du mal, Dieu a permis de nos jours une admirable éclosion d'œuvres bénies et sanctifiantes. En remarquant ces jours derniers, soit dans les réunions privées des différents Cercles, soit dans les églises, un si grand nombre d'hommes qui rehaussent par leurs vertus l'éclat d'une haute position, qui sont l'honneur de notre société ; en me rappelant combien de semblables exemples étaient rares autrefois, et combien le respect humain était tyrannique, je me prends à espérer contre toute espérance, non dans la puissance des hommes, mais en Dieu, auteur de tout bien.

Ne nous arrêtons pas sur cette heureuse pente. La France est loin d'être sauvée encore, et la sainte Église est battue par la tempête la plus rude qu'elle ait peut-être éprouvée. Continuons toutes nos Œuvres, augmentons-les, et redoublons de zèle.

Chacun des adhérents à l'Union catholique a contracté vis-à-vis de l'association qu'il a acceptée un triple devoir : il doit concourir à en conserver, à en augmenter l'honneur en conformant de plus en plus sa conduite aux principes chrétiens qu'il affiche, et qui sont en quelque sorte son armure. S'il est vrai que noblesse oblige, combien davantage n'oblige pas le nom de Jésus-Christ, dont nous nous sommes proclamés les disciples en entrant dans l'Union catholique. Il doit, de plus, travailler efficacement aux Œuvres qu'elle patronne, apporter à quelqu'une d'entre elles, à celles en particulier qui ont le plus de besoins ou qui sont le plus abandonnées, sa coopération active, personnelle, mille fois plus précieuse encore que le secours matériel de la cotisation, quelque importante que soit cette dernière. Il doit enfin, faisant de l'Union catholique son œuvre propre, l'aimer et s'efforcer de l'étendre en la faisant connaître. L'union dans le bien, tel est notre but! Qui pourrait ne pas la désirer au moment critique où nous nous trouvons? C'est le temps où nous devons de plus en plus nous serrer les uns contre les autres et travailler ensemble en répétant ce cri qui sonne si bien à l'oreille et au cœur des Bretons : Avec l'aide de Dieu, pour la patrie!

M. de Bourgerel, trésorier du Comité, fait connaître ensuite les ressources réalisées dans le cours de l'année et l'emploi qui en a été fait :

Mesdames et Messieurs,

La divine Providence a daigné bénir les efforts de notre Comité de l'Union catholique. L'appel que nous vous avions fait, l'année dernière, a été entendu, et quelques membres nouveaux se sont fait inscrire. Ils ont compris que chaque année de nouvelles Œuvres se présentent à fonder, et qu'il fallait autant que possible augmenter nos ressources. Les Œuvres ne sont vraiment en voie de prospérité que lorsqu'elles s'accroissent et qu'elles progressent.

Le compte de l'exercice 1870, que je vais vous présenter, ne devant partir que du 1er avril au 31 décembre, ne comprenant par conséquent qu'une période de neuf mois, ne fera ressortir que des chiffres bien modestes ; mais je mettrai l'amour-propre de côté pour avoir un compte qui cadre avec celui que je présente arrêté au 31 décembre, chaque année, au Comité de l'Union catholique.

Il nous restait en caisse, au 31 mars, l'année dernière, une somme de. . . . . 1,361 fr. 60

Les souscriptions qui restaient à recouvrer se sont élevées à la somme de. 398   30

Les dames de l'Union catholique, dont le zèle ne se ralentit jamais quand il s'agit de coopérer à une bonne œuvre, nous ont versé une somme de. 850   » »
depuis le 31 mars.

Nous sommes heureux de les voir à notre réunion pour pouvoir leur témoigner toute notre reconnaissance et les remercier de leur bienveillante sympathie.

Le montant des recettes s'est élevé à la somme de. . . . . 2,609 fr. 90

Passant ensuite au chapitre des dépenses, le Comité a donné à celui de l'Enseignement libre. . . . . 500 fr. » »

Au Cercle Militaire. 500   » »

Il a payé, pour frais de l'assemblée générale et pour imprimés de comptes rendus. 153   30

Il a donné, pour messe dite pour la fête Saint-Pierre. 3   » »

Pour timbres-quittances et ports de lettres. . 14   25

A la Société de Saint-François-Régis. 200   » »

Il a pu envoyer à la caisse électorale catholique. 200   » »

Il s'est empressé de donner aux Conférences de Saint-Vincent-de-Paul. 200   » »

Cette somme a permis d'envoyer à l'école des Frères les enfants des familles pauvres qu'elles visitent, et de subvenir aux frais de fournitures et de livres qu'ils étaient dans l'impossibilité de payer.

Les dépenses se sont élevées à la somme de. . 4,770 fr. 55

Les recettes étant de . . . . 2,609 fr. 90
Les dépenses de. 1,770   55
Il reste en caisse, au 31 dé-
cembre 1876. . . . .   839 fr. 35

Je demanderai la permission de faire connaître les Œuvres que le Comité a été appelé à seconder pendant les premiers mois de l'exercice 1877, grâce aux souscriptions que vous avez bien voulu lui continuer, et à la charité inépuisable des dames de l'Union catholique, qui nous ont déjà remis une somme de 600 fr. pour commencer l'année.

Il a donné, pour traitement du Frère affecté à l'école des jeunes apprentis, une somme de. . . . .   700 fr.

A la Société de Saint-François-Xavier.   100

Au Cercle Catholique ouvrier.   250

A la Société de Saint-François-Régis.   100

A M. l'abbé Bourdon, pour l'Œuvre de Toutes-Grâces.   50

A l'Œuvre de Saint-Michel.   50

Le Comité a payé, pour billets d'affiliation pour la sanctification du dimanche.   52

Pour achat de livres de prières pour l'Adoration nocturne. . . . .   30 fr.

Je profite de cette réunion nombreuse pour vous inviter à faire partie de cette Œuvre. Elle est en bonne voie ; mais dans une ville comme la nôtre, nous serions heureux de voir un plus grand nombre de chrétiens se joindre à nous et venir adorer Dieu.

Telles sont, Mesdames et Messieurs, les Œuvres que nous avons pu soutenir et fonder. Que Dieu continue à suggérer aux personnes charitables la pensée de nous venir en aide, et qu'il accorde d'abondantes bénédictions aux âmes généreuses qui nous fournissent les moyens de faire un peu de bien autour de nous ! Dieu veuille que nos diverses Œuvres se multiplient et que rien n'arrête l'essor de nos zélés bienfaiteurs.

Le Comité de l'Union Catholique a prêté à toutes ces œuvres son loyal et généreux concours. C'est dans son sein qu'elles sont venues se recruter. Nous leur avons tendu une main amie, une main toute chrétienne. Nous n'avons eu tous qu'un même but : rivaliser de zèle et de charité. Notre seul désir, notre seule pensée ont été de lutter contre l'esprit du mal et de défendre Dieu, l'Église et la France.

Après ces paroles, que l'auditoire a saluées, ainsi qu'il l'avait fait du discours de M. le président, de ses applaudissements les plus sympathiques, M. le vicaire-général a prié le R. P. de Régnon d'adresser à l'assemblée quelques-unes de ces paroles d'édification et d'émotion religieuse dont il a si bien le secret. Le Révérend Père a bien voulu déférer à cette prière :

Nous n'entreprendrons pas de résumer cette improvisation rapide, intéressante, dans laquelle l'orateur détermine, d'une manière saisissante, par une image qui, pour être empruntée aux sciences exactes, ne perd rien de sa poétique grandeur, ce que sont, ce que doivent être les œuvres catholiques dans leur développement; le rôle que chacun doit y remplir : rôle de dévouement, d'abnégation. S'oublier entièrement soi-même, pour rapporter tous ses efforts au centre indiqué par l'autorité souveraine du Saint-Père; s'effacer et disparaître là où il n'est pas appelé, pour se retrouver plus loin, tout prêt à agir sur le point où l'on aura besoin de lui.

Voilà ce que doit faire le membre des œuvres catholiques; c'est à cette condition, en y ajoutant l'infatigable persévérance, que la multiplicité presque effrayante de ces œuvres, leur étonnante fécondité à leur début, n'apporteront pas à leurs zélateurs les mécomptes que l'on serait tenté de redouter. Que peut-on craindre, d'ailleurs, pour elles, soutenues comme elles le sont par l'inépuisable et l'ingénieuse charité des dames qui savent si bien, après avoir donné, donner encore, après avoir demandé, demander encore, et trouver toujours d'abondantes aumônes là où l'on croyait que la source en était épuisée.

Sous le charme de cet éloquent discours, dont nous avons pu à peine indiquer l'idée générale, l'assemblée s'est retirée, mais non sans laisser aux mains du Comité de l'Union catholique un fructueux souvenir de cette fraternelle et consolante réunion.

AVIS

Le Comité, en même temps qu'il adresse ses remerciements les plus sincères à toutes les personnes dont la bienveillance l'a soutenu jusqu'ici, invite avec instance celles qui ont quelque loisir à prendre une part active à l'une ou à l'autre des Œuvres dont il s'occupe, et qui ont besoin d'être soutenues. Il rappelle que chacun peut y trouver l'utile emploi des dons que Dieu lui a faits, et une occupation selon son goût dans l'une ou l'autre de ses sections. Elles sont au nombre de neuf :

> Œuvres religieuses.
> Œuvre du Dimanche.
> Pèlerinages.
> Œuvres militaires : Cercle, — Conscrits.
> Œuvre de Saint-François-Régis.
> Œuvres ouvrières.
> Presse.
> Organisation.
> Finances.

Il rappelle en même temps que les personnes qui veulent bien lui donner leur concours se groupent en trois séries :

Les *membres fondateurs*, qui s'engagent à verser chaque année une cotisation de 12 fr.;

Les *membres souscripteurs*, dont la cotisation est de 6 fr.;

Les *membres adhérents*, qui versent seulement 1 fr. 20 par an, c'est-à-dire 10 centimes par mois.

Les trois séries de membres font partie de l'Union catholique, et ont le droit, comme tels, de participer à toutes les faveurs spirituelles dont elle est enrichie.

Rennes. — Imp. Catel.

www.ingramcontent.com/pod-product-compliance
Lightning Source LLC
Chambersburg PA
CBHW071445030726
47594CB00006B/2831